001

002

003

004

005

006

1

007

008

009

010

011

012

013

014

015

016

017

018

019

020

021

022

023

024

025

026

027

028

029

4

030

031

032

033

034

035

036

037

038

039

040

041

6

042

043

044

045

046

047

048

049

050

051

052

053

8

054

055

056

057

058

059

9

060

061

062

063

064

065

066

067

068

069

070

071

072

073

074

075

076

077

078

079

080

081

082

083

084

085

086

087

088

089

14

090

091

092

093

094

095

096

097

098

099

100

101

102

103

104

105

DISINHERITED
SELFISH
BAD TEMPERED
AND
UNREASONABLE

106

107

108

109

110

111

112

113

114

115

116

117

19

118

119

120

121

122

123

20

124

125

126

127

128

129

130

131

132

133

I'M NOT BLIND

134

135

136

22

137

138

139

140

141

142

143

23

144

145

146

147

148

149

24

150

151

152

153

154

155

156

157

158

159

160

161

163

162

164

165

167

168

166

169

170

171

172

173

174

175

176

177

178

179

180

29

181

182

183

184

185

186

187

188

189

190

191

192

193

194

195

196

197

198

199

200